实用经济

PRACTICAL AND ECONOMICAL

■ 王效孟/主编

家居细部 设计1360例

HOME
DETAIL DESIGN

玄关·隔断·过道·阳台

化学工业出版社
·北京·

图书在版编目（CIP）数据

实用经济家居细部设计1360例. 玄关·隔断·过道·阳台 ／ 王效孟主编.
北京：化学工业出版社，2011.7
ISBN 978-7-122-11574-4

Ⅰ. 实… Ⅱ. 王… Ⅲ. ①住宅-门厅-室内装饰设计：细部设计-图集②住宅-
隔墙-室内装饰设计：细部设计-图集③住宅-阳台-室内装饰设计：细部设
计-图集 Ⅳ. TU241-64

中国版本图书馆CIP数据核字 (2011) 第117858号

责任编辑：王斌　林俐　　　　　　　　装帧设计：骁毅文化
责任校对：宋玮

出版发行：化学工业出版社(北京市东城区青年湖南街13号　邮政编码100011)
印　　装：北京画中画印刷有限公司
889mm×1194mm　1/16　印张 4½　2011年8月北京第1版第1次印刷

购书咨询：010-64518888（传真：010-64519686）　　售后服务：010-64518899
网　　址：http://www.cip.com.cn
凡购买本书，如有缺损质量问题，本社销售中心负责调换。

定　　价：29.00元　　　　　　　　　　　　　　　版权所有　违者必究

前　言

Foreword

家庭装修在近年来已经发展成为一项全民事业，不论户型大小，在入住之前业主都会对房屋进行美化。随着家庭装修的普及，人们对装修的认识也逐渐的深刻，不仅仅限于硬性的装修，更多地注重装饰上的细节，使居住环境真正做到服务于人，做到实用性和装饰性的完美结合。根据市场潮流我们特别策划了此套以实用为核心的丛书，更有针对性地为人们解决家庭装修中遇到的问题。

丛书精选优秀的装修案例，准确地把握家装流行趋势，将具有个性与时尚风格的装饰元素，融入到现代家居设计中，使其更符合现代人的审美情趣。

这些案例引领着当今的设计潮流及趋势。同时，从设计手法、色彩搭配、材料选用等方面入手，以通俗易懂的点评文字重点解说案例的出彩部分。

本系列图书的内容是市场最为畅销的热点，设计实例是业主在家庭装修时必要的参考资料，共包含实用经济家居细部设计1360例，分为《吊顶》、《背景墙》、《厨房·卫浴》、《玄关·隔断·过道·阳台》四册，图片案例新颖，信息量大，实用性强，书中穿插与图片设计结合紧密的文字知识点，对于业主和设计师都极富参考价值。

希望详细的分类和大量的资料可彻底地解决装修中的难题。书中的案例都倾向于经济型和实用型，适用于大多数的家庭装修，为读者朋友带来个性家装效果的同时节省预算成本。参与本套书编写的有王效孟、李小丽、王敏、王军、李子奇、于兆山、黄肖、邓毅丰、刘杰、王勇、刘晓梅、吴媛媛、孙银青、赵丹、肖冠军、张志贵、刘彦萍。

目 录

Contents

玄关是指从门外进入到室内的第一处空间，是人们进入室内换鞋、脱衣或从室内去室外整理容貌的缓冲空间。

一般来说，在住宅中玄关面积不大，但使用频率最高，是进出住宅的必经之处。是给人第一印象的地方，好的玄关设计可以为业主增光添彩，反映出居住着的内涵，是不应被忽略的区域。

玄关

图1 紫灰色花纹壁纸沉稳中透露着高雅的气质，设计师用不等距排列的装饰画组装饰玄关墙面，使其更具动感。

图2 入口处的白色鞋柜与浅色挂衣板造型为居家生活增添了一抹温馨感。

图3 简单地摆上一对颇具韵味的装饰品，搭配暖色调的背景，玄关给人的感觉既舒适，又不呆板。

● 小户型玄关的设计 1

玄关是一个家庭的脸面，好的设计可以使人感受到积极的面貌。若居室面积不大，室内空间的充分利用就尤为重要。对小户型的家庭来说可能会没有独立的空间设置玄关。但如果居室的大门正对着客厅的沙发或者是卧室的门，或其他主人不愿让到访者直接看到的区域，那就很有必要设置玄关。

图1　透明玻璃隔断造型为玄关与餐厅之间营造了一种隔而不断的空间延续感。

图2　现代、前卫、简约是空间的主题，深色的凹凸造型与水银镜片结合的玄关造型，形式强烈的虚实对比。

图1 本案门距离墙壁较近，没有空间摆放整体式的挂衣板，设计师直接在墙壁上设计一处挂衣钩，不占空间，简洁、实用。

图2 深色木质背景墙与浅色装饰画两种颜色形成强烈对比，空间层次跃然而出。

图3 错落有致的家具造型，白色石材与黄色油漆柜门两种材质的对比，实用性和美观性兼顾。

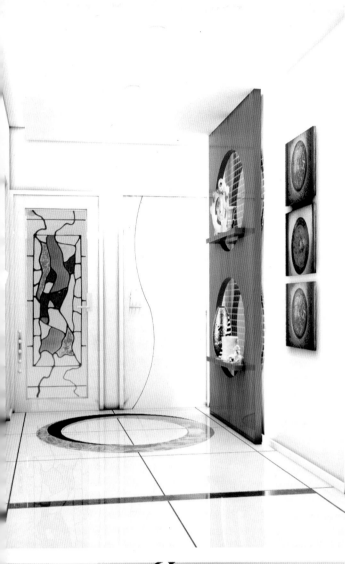

● 适合小户型的玄关造型

　　低柜隔断式，即用低柜式家具作空间隔断。此种形式不仅满足了空间功能的区分，而且还兼具物品的收纳功能。半柜半架式，柜架的上部做成通透格架，下部则为封闭的柜体，可以是鞋柜或储物柜。还可设计成中部通透而左右对称的柜件。如果想突出展示功能，也可选用博古架等造型丰富的家具。

图1 干净的水银镜片使空间得到无限延伸，简洁利落的白色线条，白色矮柜让空间更具时尚感和韵律感。

图2 本案例是简约风格，使用带有中式韵味的柜子把手装饰和内嵌式的储物盒，增添了文化氛围。

● **提升玄关的收纳功能**

除了柜子、抽屉类的收纳，把东西整齐地挂起来，也属于收纳。较实用的做法是在玄关设计一处挂衣板，底下是鞋柜、也可以做嵌入式格挡或利用墙面开发多空间。还可以利用入户门的结构，比如说卫生间的墙或者房间的夹角做一个收纳柜。

过 道

过道因其所处的位置特点，通常都呈狭长形，在进行设计和装饰时，要将顶面、墙面和地面结合起来，塑造整体的效果，并且要与客厅、餐厅的风格协调一致。

因其特殊性，过道通常装修都较为单调，要想改变这一状况，在进行设计时可从软装饰的配置上入手，使其内容变得丰富起来，如灯具、装饰画等。

图1 白色的抛光地砖，现代时尚的黑白装饰画，米色的墙面，使得空间干净整洁又温馨舒适。

图2 一字线形的酒红色烤漆玻璃吊顶与同材质的端景墙造型打造了走廊的延续性与统一性。

图3 本案中过道较长，设计师强化了顶部的造型设计，用具有排列感的造型强化空间层次，避免单调。

● 过道的装饰技巧 1

过道是家庭空间中的交通枢纽，使用频率较高。在进行过道装饰时首先要考虑到频繁走动的空间不宜做过多复杂的造型，不应放置过多的装饰而忘记其实用性。过道通常与客厅相邻，它的风格设计不宜偏离整体风格，成功的过道装饰应该既与客厅有所呼应又具有自己的特色。

图1 户型的顶面造型打破了白色为主的素净感，赋予过道空间以动感，白色灯槽在统一中增添了层次。

图2 深黄色的墙面壁纸，白色的造型门，搭配棕色系的木地板，展现出一种别样的和谐之美。

● 过道的装饰技巧2

很多房型容易出现长条形的过道，这时可以在过道中设计出一处小的收纳空间。也可在面积稍大的一边墙上粘贴各色镜子，镜面四周用银白色的铝合金条镶框，下方墙角处放置盆景或花卉予以衬托。倘若过道较宽，可在一侧墙面安装内有多层架板的玻璃吊柜，张贴几幅尺度适宜的金属画，可以增添文明雅静的气息。

图1 流畅的吧台造型与石膏板吊顶遥相呼应，精致的黑色马赛克现代感十足。

图2 黑与白的对比，水银镜片和金属马赛克的运用，彰显主人的品位，现代感十足。

图3 菱形的镜面造型墙，通透时尚的吧台，配以白色高脚吧凳，渲染出一种优雅的生活情调。

● 过道的装饰技巧3

　　还可以在过道墙面上设置搁架形式的CD架或展示架，摆放一些常用的兼具装饰性的物品，取用十分方便，这里的隔板宽度不宜超过30厘米，可定做也可选购。还可在过道的尽头摆放外观精美的收纳柜，抽屉式或双开门式均可。需要注意的是，过道尽头通常会有两扇相对的门，柜子的宽度以不对人的出入造成妨碍为宜。

1

图1 红色拓缝处理的石膏板背景墙彰显的过道空间十分明快，顶面的长条造型与墙面有异曲同工之妙。

图2 彩绘墙面施工简易，个性化强，非常适合小户型，灰色系和橙色系花朵的组合为空间带来了生机。

2

● 端景台的妙用

　　端景台是位于过道尽头的一处景观，它可以改变过道的氛围，掩盖户型的不足。简单的做法是在墙面悬挂一幅大小合宜的装饰画，前方摆放装饰几或装饰柜，上方摆放花瓶或者工艺品做装饰，这里的柜子和花瓶的风格是十分重要的。改良的做法是将墙面整体进行造型设计，去掉柜、几，选择落地式的大花瓶，插上鲜花或是干枝。

隔断

隔断的功能是既限定空间又不完全割裂空间，能将不同的功能空间区分开来，同时保持空间之间的交流，保证整体空间的一致性。

大户型和不规则的异形户型中，合理地运用隔断可以丰富空间的层次，完善二次规划，也能使异形户型得到改良。在家居空间中，常用到隔断的空间包括玄关、客厅、餐厅、卧室，设计时应与空间功能结合。

图1 排列有序的白色混油木质隔断条，配以黄色的餐桌椅，让整个餐厅空间整洁而温馨，清新而舒适。

图2 晶莹的水晶珠帘和壁纸造型，打造出空间的完整性与协调性。

图3 红色线帘的运用让空间多了一些柔美与浪漫，衬托得白色家具也更干净纯粹。

● 常见隔断形式 1

　　墙体隔断，属于固定的全封闭式隔断，用于将空间分隔成两个功能固定的区域；坚固耐用，不需要日常维护；装饰性弱，分割后两个空间完全独立。珠帘隔断，属于固定的半封闭式或敞开式隔断，用于将空间分隔成两个功能相对固定的区域；装饰性强，分隔后的两个空间光线充足；需要日常维护，容易损坏。

1

2

图1 此处隔断虚与实相结合，红与白相对比，打造了一种干净、整洁、纯粹的居家环境。

图2 大块的透明图案玻璃，把客厅与餐厅很好地间隔开来，通过家具的陈列，木地板的衬托，品质空间就是这么营造出来的。

● 常见隔断形式 2

　　矮柜隔断，属于活动的半封闭式或敞开式隔断，用于将空间分隔成两个功能不固定的区域；装饰性强，光线好；需要日常维护，容易移动，分隔后的空间不稳定。屏风隔断，属于活动的半封闭式或敞开式隔断，用于将空间分隔成两个功能不固定的区域；装饰性强。有局限性，会因款式的陈旧而淘汰更换，采光也会受到影响。

图1 白色的隔断柜，白色的装饰品，令空间更加整洁舒适。

图2 高低错落的隔断造型，通过张扬的装饰品，使得整个空间生动起来。

图3 现代风格的打造离不开玻璃材质的运用，本案的电视墙也是餐厅与客厅的隔断，渲染出一种精致生活的氛围。

● 常见隔断形式 3

玻璃隔断，属于固定的半封闭式或封闭式隔断，用于将空间分隔成两个功能相对固定的区域；装饰性强，光线充足，基本不需要日常维护；受质地限制易破损。吧台隔断，属于固定的半封闭式隔断，用于将空间分隔成两个功能固定的区域；装饰性强，光线充足，分隔后的空间可以互动；仅限于较大空间使用，功能单一。

图1 此案例在玻璃立柱内安置射灯，并摆放干枝作装饰。等到夜幕降临，华灯初上，透过玻璃散发的绚丽灯光形成光影斑驳的效果。

图2 水晶珠帘将客厅与餐厅划分为两个独立的空间，且没有拥堵的感觉，在灯光的映衬下显得晶莹剔透，为空间增添了趣味性。

● 常见隔断形式 4

　　推拉门隔断，属于固定的半封闭式隔断，用于将空间分隔成两个功能相对固定的区域；分隔后的空间既可互动又可独立；装饰性较弱，经常使用损耗较大。层架隔断，属于固定的半封闭式隔断，用于将空间分隔成两个功能不固定的区域；层架中可以摆放古董、器皿，也可摆放书籍；需要日常维护，有局限性。

图1　红白两色结合的装饰性隔断，强化了餐厅的时尚感，与整体造型呼应，增添趣味性。

图2　电视背景墙的透明钢化玻璃充当了隔断的作用，让空间更加的通透，从而在视觉上扩展了空间。

图3　精致与奢华是一种小资情调的体现，优雅的图案玻璃与镜面不锈钢的完美结合，体现了主人的生活情调。

● 常见隔断形式 5

布艺隔断，属于固定的半封闭式或封闭式隔断，用于将空间分隔成两个功能相对固定的区域；装饰性较强，隔光不隔音；需要日常维护，极易脏污。组合隔断，属于固定的半封闭式或封闭式隔断，用于将空间分隔成两个功能相对固定的区域；装饰性强，可随意搭配，隔断功能可变化；有时需要日常维护。

阳 台

随着居住条件的改善，阳台的面积也越来越大。作为一方独立的空间，阳台成为了唯一一处具备多种功能的区域，许多家庭会把阳台设计成可供休闲、娱乐或学习的空间。

但是总的来说阳台的设计完美与否与面积关系不大，要装饰出与众不同的阳台空间，为整体空间添彩，就需要发挥巧思，力求以创意取胜。

图1 阳台与卧室通过丝质纱帘分隔开，使得典雅的木质圈椅放在卧室里并不显得冷硬突兀，相反营造出一种静谧的古典之美。

图2 抬高的地台、舒适的矮几、别致的吊灯，令空间拥有宁静致远的味道。

图3 红色总是给人一种热情洋溢的感觉，红色休闲椅的运用让整个空间变得生动活泼起来。

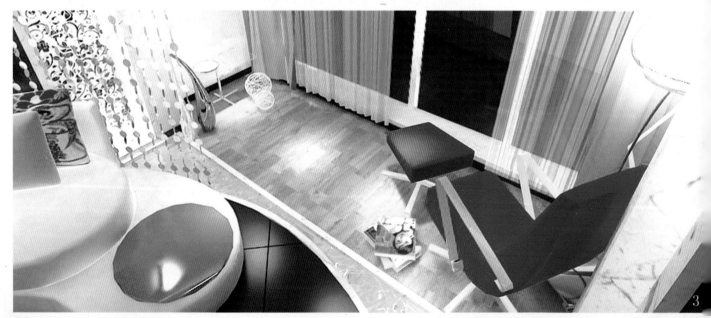

● 阳台巧装饰 1

阳台上可以用来摆放竹质、藤质的家具，以营造田园气息。例如，窗户可以挂上竹卷帘，帮助抵挡灰尘的侵入；墙面可以安装搁板，摆放几个既美观又大方的竹制储物篮，方便收纳各种零散物品。有养花兴趣的，可以在阳台摆放一套带转角设计的组合储物架，根据实际需求，拆卸或组合使用，也可用来摆放花盆或者储物盒。

图1 中式木雕的隔断、窗扇，造型古朴的灯具、地台将中式风格的韵味表达得淋漓尽致，让整个空间和谐统一、古朴典雅。

图2 将阳台划分为小的书房合理利用了空间。白色为主的装饰使原本狭小的空间变得不再拥挤。

● 阳台巧装饰 2

　　很多住户习惯将阳台作为洗衣房和晾衣房，这就需要设计独特的晾衣架，最好选用可折叠不占用空间的。其次需要准备带支架的洗衣用袋，便于收纳脏衣服，也可层叠有附脚轮的储物箱用于整理衣物。如果家中没有孩子的专属房间，阳台也可以当作儿童用品的储藏室。可采用大型和小型组合的储物箱盛装杂物。

图1 白色的纱帘与鹅卵石，钢结构支撑的透明玻璃在灯光的映衬下无比精致，再放一把休闲椅，不失为静静思考的最佳场所。

图2 矮几、坐垫成为空间中的主体。将阳台装饰得宁静而又舒适。

图3 浅色条形隔断，造型独特的休闲椅、浅色木纹的地台和墙面装饰，让人感到心情舒畅。

● 阳台巧装饰 3

　　把阳台改造成小花房，可起到锦上添花的效果。挑选些漂亮的植物和铁艺家具就可以实现。如果想在阳台上搭一个玻璃棚，那么栽种的植物就要区分喜湿喜热。如果阳台上有一角要做储藏室，那么那块角落附近就不能种太多的植物，否则储藏室里会有潮气。在阳台上种花栽草也要搭配巧妙些，否则显得杂乱无章，适得其反。